AF329270

BIOGRAPHIE

DE

Melle SCRIWANECK

BIOGRAPHIE

DE

 SCRIWANECK

Il est un art perdu pour les comédiens d'aujourd'hui, et qui nous ravit encore lorsqu'il nous est présenté par les derniers survivants de ceux qui le portèrent si haut autrefois.

Voici le nom d'une artiste célèbre qui peut donner à la génération nouvelle la juste mesure du véritable talent :

Augustine SCRIWANECK.

De l'orthographe de son nom — SCHRIVANEK — l'h fut supprimé par la mère de l'artiste pour l'euphonie du nom.

Son père violoncelliste distingué était d'origine hollandaise. Sa mère occupait avec succès l'emploi de première Dugazon au théâtre de Rouen.

C'est vers l'opéra comique que furent tout d'abord dirigées les études de la petite Augustine. Et lorsqu'elle débuta, pour la première fois, sur le théâtre de *Grenoble*, ce fut dans le rôle de : Benjamin , de *Joseph*, commençant ainsi à jouer les travestis, genre où elle devait exceller plus tard.

La voyant composer son personnage avec une intelligence qui accusait déjà une certaine personnalité, sa mère la laissa libre de choisir un emploi de son goût, mais elle n'abdiqua pas pour cela la direction de ses études ; et c'est sous l'influence heureuse de ses conseils que la jeune artiste vit son talent se développer.

C'est une erreur généralement répandue de croire Mademoiselle SCRIWANECK une élève de Déjazet. Jamais elle n'eut d'elle la moindre leçon ; ce qui a contribué à perpétuer ce dire, c'est que dans une revue : *la Poudre Coton*, elle a fait de la parodie de *Gentil Bernard* une imitation tellement parfaite que la presse fût unanime pour la comparer à Déjazet qui, en lui adressant des compliments, l'appela MON GENTIL FRÈRE.

Mademoiselle SCRIWANECK a conservé la tradition des rôles créés par la célèbre comédienne, tradition qu'elle a su toutefois approprier aux goûts modernes tout en la respectant.

Le premier début de Mademoiselle SCRIWANECK à Paris, eut lieu sur la scène *du théâtre Beaumarchais*, dans *Rosière de Nourrice*, pièce de MM. Théodore Barrière et Clairville, où elle remplissait un rôle de paysanne naïve avec un naturel qui la fit aussitôt remarquer. Des propositions lui furent faites pour un engagement au Palais-Royal, elle n'accepta pas tout d'abord se trouvant heureuse d'être la reine de son petit théâtre.

Beaumarchais ayant fermé ses portes à la fin de l'année suivante, Mademoiselle SCRIWANECK entra immédiatement au théâtre du Palais-Royal, puis aux Variétés, où elle fit alors un bon nombre de créations : *L'amour qué qu'c'est qu'ça ?* son succès dans cette pièce eut du retentissement ; *Les princesses de la Rampe* ; *Un roi malgré lui* ; *Les enfers de Paris* ; *Madame Roger Bontemps* ; *Madelon Lescaut* ; *Les Nèfles* : dans cette dernière pièce son talent se montra sous des faces bien différentes : un des auteurs, Eugène Grangé, les a résumées dans le quatrain suivant :

> Pour ton ramage limpide,
> Pour tes pas, — gracieux vol
> — Merci charmante sylphide,
> Merci gentil rossignol.

Dans les *Bibelots du Diable*, M. Clairville, l'auteur, lui dédia la pièce avec les vers suivants, sur une seule rime :

> A toi charmante SCRIVANECK
> Cet ouvrage assez incorrect,
> Mais qui ne paraît pas suspect ;
> Reçois cet hommage direct
> D'admiration, de respect,
> Et tous mes compliments avec.

Elle eut aussi du même auteur une dédicace charmante sur un volume de l'ouvrage : Chansons et Poésies.

> A toi qui m'as tant chanté
> Ces chansons ; que ta voix les chante
> Pour que l'auditeur enchanté
> Dise que ce recueil l'enchante.

Les créations citées n'ont pas à elles seules fait la réputation de l'artiste. Ajoutons y : *La femme aux œufs d'or* ; *La gardeuse de Dindons*, au théâtre Cluny, qui lui ont valu de M. Amédée Achard l'éloge suivant : Mademoiselle SCRIWANECK nous revient dans un des meilleurs rôles de son répertoire. Elle nous est revenue avec son vif entrain, sa façon leste de jeter le mot, son art de détailler la chanson, l'esprit de son jeu.

Le Gamin de Paris est son triomphe. Après la représentation de cette pièce, M. Sardou écrivait à l'éminente artiste : « Chère madame, je vous ai vu jouer, hier au soir, *Le Gamin de Paris*, avec un plaisir singulier ; je vous aurais porté toute chaude l'impression de ce plaisir si j'avais pu franchir sans trop de pourparlers le seuil de vos coulisses. Je suis habituellement chez moi à 4 heures, je serais très-heureux de vous dire de vive voix que ma soirée d'hier m'a enchanté. » Vous pensez combien Mademoiselle SCRIWANECK est fière de posséder cette charmante lettre.

Le 5 mars 1876, *le Vœu inutile*, dernière création de

Mademoiselle SCRIWANECK à propos de laquelle M. Bernard
Lopez, l'auteur, lui a dédié le sonnet suivant :

> Lutin ou fée, ange ou diable, homme ou femme,
> Par le pouvoir de votre art merveilleux,
> Vous vous plaisez aux écueils périlleux
> Comme à l'attrait que le talent réclame.

> Double androgyne, et que Thalie acclame,
> Dans SCRIWANECK, le piquant gracieux,
> Toujours vingt ans pétillent dans vos yeux,
> Comme un foyer d'inextinguible flamme.

> Du Nord au Sud, de l'Est à l'Occident,
> Oiseau nomade au vol indépendant,
> Jetez au vent vos refrains de fauvette.

> Et tour à tour marquis, page ou soubrette,
> De chaque sexe unissez l'agrément,
> Charmante au point d'être même charmant.

C'est une actrice de bonne souche, artiste jusqu'au bout des
doigts, mettant l'art au service de son esprit qui éclate et
rayonne dans son moindre geste.

On pourrait même dire que son talent s'inspire de son esprit. Elle le débite en jeux de physionomie saisissants, en re-
gards qui disent tout ce qu'elle veut dire en intentions où la
finesse le dispute au charme.

Il ne faut pas voir en Mademoiselle SCRIWANECK une artiste de vaudeville au gros sel ou à la pochade risquée, c'est une
comédienne dans la vraie acception du mot ; son art est très
étudié, très sûr de lui, très raffiné ; c'est un instrument dont
aucune corde n'est muette. La sensibilité s'en dégage avec
une puissance qui étonne après qu'on a salué d'un éclat de
gaîté une saillie heureuse.

Son talent plein de charme et de grâces lui a permis de se
créer une individualité et d'échapper à l'écueil de l'imitation.

Comme femme une jambe charmante pour porter avec
aisance les travestis. Le bon Grassot fit un jeu de mot sur
Mademoiselle SCRIWANECK qui se plaignait d'avoir mangé des

moules. Grassot lui dit : cela prouve que l'on peut, comme
vous, être faite au tour et ne pas être faite aux moules.

Quant aux yeux !...

Nous avons retrouvé, dans le *Mercure des Théâtres*, le
sonnet suivant que le futur auteur de la *Fille de Roland*
adressait, dans toute l'ardeur de sa vingt-quatrième année,
à Mademoiselle SCRIWANECK, qui faisait les délices des
Variétés :

A MADEMOISELLE SCRIWANECK.

Vivent ces jolis yeux
Que j'ai loués en prose,
Et qui rendront joyeux
Mon vers souvent morose !

Comme l'azur des cieux
Où l'éclat de la rose,
Un souris gracieux
Nous luit et nous repose.

Et, quand vous paraissez,
Il est des cœurs blessés
Ou des esprits malades,

Tout près de dépérir ;
Une de vos œillades
Suffit pour les guérir !

HENRI DE BORNIER.

Mademoiselle SCRIWANECK a donné de nombreuses preu-
ves de son excellent cœur. Elle a été très bonne pour sa famille,
contribua à faire donner une éducation brillante à trois sœurs
consanguines et pourvut pendant longtemps aux besoins d'une
camarade vieille et infirme. Pendant le siège de Paris (1870)
on la vit la première à l'ambulance des Variétés prodiguer ses
soins à nos blessés. Enfin elle n'a jamais refusé son concours
aux comédiens qui viennent la prier de jouer ou de chanter à
leur bénéfice une de ses meilleures chansonnettes. *La Dame
au lorgnon* ou *Polichinelle et Bébé*, (Grand Dictionnaire
universel du XIX⁰ siècle, tome XIV, page 427, fascicules
453 et 454).

RÉPERTOIRE DE Mlle SCRIWANECK

TITRES DES PIÈCES	NOMBRE DE FOIS JOUÉES		
	EN PROVINCE	—	A PARIS
Le Roman de la Pension	4	Création	34
Henriette et Charlot	31	Création	50
Le Code des Femmes	6	Reprise	30
Le major Cravachon		Création	30
Une Averse	5	Création	40
Indiana et Charlemagne	15	Reprise	60
Les Amours de Cléopâtre	30		
La Fille de Dominique	59	Reprise	32
La Perle des Servantes	6	Création	24
Le Mousse	61		
Embrassons-nous, Folleville	11	Création	100
La Fiole de Cagliostro	79	Reprise	38
Vert-Vert	51	Reprise	60
Un cœur de grand'mère	96	Création	30
Cocorico	40	Reprise	28
Roméo et Mariette	3	Création	35
L'amour, qu'é qu'c'est qu'ça	85	Création	100
Le Lion et le Rat	43	Reprise	34
La Cornemuse du Diable	23	Création	35
L'Amour à l'aveuglette	29	Création	37
Madame Roger-Bontemps	25	Création	40
Les Princesses de la Rampe	155	Création	60
Flâneuse	165	Création	36
Quatorze de Dames	181	Création	42
Madame Bijou	37	Création	39
Les Enfers de Paris	243	Création	105
Le Gamin de Paris	365	Reprise	30
Gentil Bernard	141	Reprise	12

VOYAGES DE MLLE SCRIWANECK

Avignon.
Angers.
Anvers.
Amiens.
Alençon.
Auch.
Agen.
Arras.
Abbeville.
Alais.
Annecy.
Angoulême.
Auxerre.
Avesne.
Arles.
Albi.
Aix.
Autun.
Auxonne.
Avranches.
Arbois.
Amboise.

Bruxelles.
Besançon.
Biarritz.
Bourges.
Béthune.
Belfort.
Bauvais.
Brest.
Bourg.
Bayeux.
Béziers.
Brioude.
Bordeaux.

Boulogne.
Beaune.
Blois.
Bar-le-Duc.
Bayonne.

Cherbourg.
Calais.
Caen.
Cette.
Carpentras.
Château-Gonthier.
Colmar.
Cambrai.
Cahors.
Clermont-Ferrant.
Carcassonne.
Chaux-de-fonds.
Cognac.
Châtellerault.
Châlons.
Creuzot.
Charolles.
Chartres.
Cannes.
Compiègne.
Cluny (Saône).
Chambéry.
Castres.
Cabourg.
Cavallon.
Castel-Sarasin.
Coutances.

Dijon.
Douai.

Dunkerque.
Dieppe.
Dinan.
Dax.
Dôle.
Draguignan.
Dauville.
Dreux.

Etampes.
Evreux.
Elbeuf.
Epinal.
Eu.
Etretat.

Fontainebleau.
Fécamps.
Fontenay-le-Comte.

Grenoble.
Gênes.
Gray.
Gannat.
Gournay.
Guéret.
Grasse.
Gisors.
Gien.

Hâvre.
Honfleur.
Houlgate.

Issoire.

Joigny.	Maubeuge.	Rome.
Joinville.	Meaux.	Rennes.
	Melun.	Remiremont.
Londres.	Mons.	Riom.
Lille.	Moulan.	Roanne.
Lyon.	Montargis.	Roubaix.
La Rochelle.	Montereau.	Romans.
Lisle.	Mont de Marsan.	Royat.
Laval.	Montluçon.	Rouen.
Liège.	Montceau les vignes	Reuil.
Limoges.	Marênes.	
Louviers.	Montélimar.	Strasbourg.
La Charité.	Morlaix.	Saintes.
La Fère.	Mâcon.	Salins.
Lens.		Saumur.
Libourne.	Namur.	Sens.
Langres.	Nîmes.	Soissons.
Le Mans.	Naples.	Spa.
Lisieux.	Nancy.	St-Jean d'Angély.
Locle.	Nantes.	Surgères.
Lons-le-Saulnier.	Nice.	St-Cloud.
Louhans.	Nevers.	St-Denis.
La Châtre.	Niort.	St-Dié.
Laigle.	Neuchatel.	St-Marcelin.
Le Puy.	Nogent.	St-Maixent.
L'Ile Bourbon.	Narbonne.	St-Dizier.
Luc sur mer.		St-Etienne.
Lausanne.	Orléans.	St-Malo.
Lunéville.	Orbec.	St-Germain.
		St-Quentin.
Marseille.	Pau.	Ste-Marie.
Montpellier.	Poitiers.	St-Omer
Madrid.	Périgueux.	St-Lô.
Metz.	Provins.	St-Amand.
Montauban.	Poligny.	Saint-Mihiel.
Moulins.	Perpignan.	
Mulhouse.	Pézénas.	Toulouse.
Milan.	Poissy.	Tarbes.
Montbéliard.	Passy.	Turin.
Mirecourt.	Pithiviers.	Tréport.
Maisons-Laffite.		Tonnerre.
Mamers.	Reims.	Thiers.
Mantes.	Rochefort.	Tours.

Toul.	Vernon.	Verviers.
Trouville.	Versailles.	Vire.
Tarascon.	Vesoul.	Vichy.
Troyes.	Villefranche.	Verdun.
	Valence.	Wassy.
Valenciennes.	Vienne.	Villers.
Villeneuve.	Voiron.	Vevey.
Vierzon.	Villers-Cotterets.	

242 villes.

Toul. — Imprimerie de T. LEMAIRE, place de la Cathédrale, 6.